ΤΟ ΔΙΑΓΡΑΜΜΑ ISHIKAWA ΓΙΑ ΤΗ ΔΙΑΧΕΙΡΙΣΗ ΚΙΝΔΥΝΩΝ

Πρόβλεψη και επίλυση προβλημάτων στο πλαίσιο της επιχείρησης

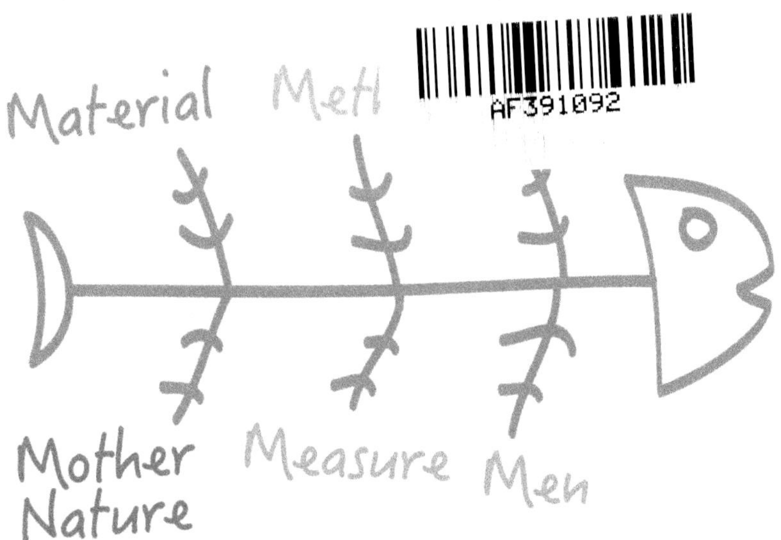

ΤΟ ΔΙΑΓΡΑΜΜΑ ISHIKAWA ΓΙΑ ΤΗ ΔΙΑΧΕΙΡΙΣΗ ΚΙΝΔΥΝΩΝ

Πρόβλεψη και επίλυση προβλημάτων στο πλαίσιο της επιχείρησης

γραμμένο από Ariane de Saeger
μεταφρασμένο από Lina Sideris

ΤΟ ΔΙΑΓΡΑΜΜΑ ISHIKAWA ΓΙΑ ΤΗ ΔΙΑΧΕΙΡΙΣΗ ΚΙΝΔΥΝΩΝ

ΒΑΣΙΚΕΣ ΠΛΗΡΟΦΟΡΙΕΣ

- **Ονόματα: Διάγραμμα** Ishikawa, διάγραμμα ψαροκόκαλου, διάγραμμα ψαροκόκαλου, διάγραμμα αιτίου-αποτελέσματος, Fishikawa, τα 5 Ms.

- **Χρήσεις:** Το διάγραμμα Ishikawa προσδιορίζει τις αιτίες και τα αποτελέσματα ενός προβλήματος. Μπορεί επίσης να χρησιμοποιηθεί ως αναλυτικό εργαλείο στη διαχείριση έργων (ιδίως στη διαχείριση κινδύνων) και στον έλεγχο ποιότητας.

- **Γιατί είναι επιτυχημένη;** Το εργαλείο αυτό αποτρέπει τους χρήστες από το να παραβλέπουν ορισμένες από τις αιτίες ενός προβλήματος και παρέχει τα απαραίτητα στοιχεία για τη μελέτη πιθανών λύσεων. Το διάγραμμα αυτό θεωρείται εργαλείο διαχείρισης της ποιότητας.

- **Λέξεις-κλειδιά:**

  - <u>Προσέγγιση</u>: μέθοδος, τρόπος συλλογισμού.

  - <u>Καταιγισμός ιδεών</u>: μια πρωτότυπη ερευνητική τεχνική που βασίζεται σε ελεύθερους συνειρμούς που διατυπώνονται από όλα τα μέλη μιας ομάδας.

  - <u>Αιτία</u>: η αιτία για κάτι, αυτό που το προκαλεί ή ευθύνεται γι' αυτό.

- Επίδραση: αποτέλεσμα ή συνέπεια.

- Μερίδιο αγοράς: το ποσοστό των πωλήσεων της εται-
  ρείας σε σχέση με τις συνολικές πωλήσεις του κλάδου.

- Πρόβλημα: ένα ζήτημα ή μια ερώτηση που μπορεί να
  συζητηθεί και απαιτεί λύση.

- Λύση: απάντηση σε ένα πρόβλημα ή μια ερώτηση.

ΕΙΣΑΓΩΓΗ

Ιστορία

Το διάγραμμα Ishikawa επινοήθηκε από τον Kaoru Ishikawa (1915-1989), Ιάπωνα καθηγητή και χημικό μηχανικό στο Πανεπιστήμιο του Τόκιο. Γνωστός εμπειρογνώμονας και πρωτοπόρος στον τομέα των θεωριών διαχείρισης της ποιότητας, χρησιμοποίησε το διάγραμμα αυτό για πρώτη φορά το 1943 για να προσπαθήσει να εξηγήσει σε μια ομάδα μηχανικών σε μια χαλυβουργική εταιρεία πώς να κατανοήσουν ένα πρόβλημα με βάση μια συνολική ανάλυση – όσο το δυνατόν πιο εξαντλητική – πολύπλοκων παραγόντων.

Ορισμός του μοντέλου

Το διάγραμμα Ishikawa είναι ένα γραφικό εργαλείο που χρησιμοποιείται από τις επιχειρήσεις το οποίο προσφέρει μια επισκόπηση των αιτιών και των αποτελεσμάτων ενός προβλήματος. Με την κατάταξη των αιτιών, μπορούν να εντοπιστούν με ακρίβεια οι πηγές του προβλήματος.

ΘΕΩΡΙΑ

Αν και το διάγραμμα Ishikawa χρησιμοποιείται κυρίως στις επιχειρήσεις ως εργαλείο διαχείρισης ποιότητας ή έργων, προσφέρεται επίσης ιδιαίτερα καλά για τη διαχείριση κινδύνων. Πράγματι, το διάγραμμα επιτρέπει όχι μόνο την επίλυση προβλημάτων, αλλά και την πρόβλεψη. Για παράδειγμα, όταν μια επιχείρηση θέλει να θέσει σε εφαρμογή ένα έργο, εξετάζει τις πτυχές που θα μπορούσαν να τεθούν υπόψη σε περίπτωση αποτυχίας του έργου. Αξιολογώντας τα διάφορα στοιχεία που θα μπορούσαν να προκαλέσουν την αποτυχία του έργου, η επιχείρηση γνωρίζει ακριβώς πού πρέπει να εστιάσει την προσοχή της για να αποτρέψει την πραγματική υλοποίηση του προβλήματος.

Ο ΣΤΟΧΟΣ ΤΟΥ ΔΙΑΓΡΑΜΜΑΤΟΣ ISHIKAWA

Η μέθοδος Ishikawa είναι ένα εργαλείο επιχειρηματικού σχεδιασμού που αποσκοπεί στην παροχή μιας οπτικής και δομημένης ανάλυσης των αιτιών και των αποτελεσμάτων ενός συγκεκριμένου προβλήματος.

ΠΑΡΑΔΟΧΕΣ

Το μοντέλο Ishikawa βασίζεται σε δύο υποθέσεις:

* υπάρχει περιορισμένος αριθμός πρωτογενών και δευτερογενών αιτιών για κάθε πρόβλημα,

- η διάκριση μεταξύ αυτών των δύο τύπων αιτιών είναι το πρώτο βήμα προς την επίλυση του προβλήματος.

ΣΥΝΙΣΤΩΣΕΣ ΤΟΥ ΜΟΝΤΕΛΟΥ

Ο καθηγητής Ishikawa κατηγοριοποιεί τις διάφορες αιτίες ενός προβλήματος σε πέντε ομάδες, τις λεγόμενες 5 Ms.

- **Υλικό**: αναφέρεται σε οτιδήποτε μπορεί να καταναλωθεί ή να χρησιμοποιηθεί από το έργο, όπως πρώτες ύλες, χαρτί, νερό, ηλεκτρική ενέργεια κ.λπ.

- **Μέθοδος**: περιλαμβάνει τις υφιστάμενες διαδικασίες, τη ροή πληροφοριών, την έρευνα και την ανάπτυξη, τους τρόπους λειτουργίας κ.λπ.

- **Μητέρα Φύση**: αντιστοιχεί στο περιβάλλον και το πλαίσιο που μπορεί να έχει αντίκτυπο στο έργο (χώρος εργασίας, χώροι πρασίνου κ.λπ.).

- **Μηχανή**: αφορά τον απαραίτητο εξοπλισμό για το έργο. Περιλαμβάνει, για παράδειγμα, εγκαταστάσεις, ανταλλακτικά, εξοπλισμό, υλικό, λογισμικό, τεχνολογία, μηχανήματα ή μηχανολογικό εξοπλισμό. Αυτή η κατηγορία απαιτεί γενικά επενδύσεις.

- **Ανθρώπινο δυναμικό**: αναφέρεται στους ανθρώπινους πόρους που εμπλέκονται στο έργο και στα προσόντα του προσωπικού.

Κάθε κατηγορία μπορεί να περιλαμβάνει άλλες αιτίες ή κατηγορίες αιτιών ανάλογα με το επιθυμητό επίπεδο λεπτομέρειας.

ΑΠΟ 5 MS ΕΩΣ 7 Η 8 MS

Αν και αρχικά περιοριζόταν σε 5 Ms, το διάγραμμα έχει πλέον επεκταθεί από ορισμένους σε 7 ή 8 Ms, ανάλογα με την περίπτωση. Ο ίδιος ο στόχος παραμένει αμετάβλητος (με άλλα λόγια, εξακολουθεί να επιτρέπει μια συγκεκριμένη, συνολική και εξαντλητική απεικόνιση των αιτιών ενός προβλήματος που πρέπει να αντιμετωπιστεί κατά προτεραιότητα) και, κυρίως, επιτρέπει τον εντοπισμό της πιο αποτελεσματικής λύσης.

Οι ακόλουθοι παράγοντες μπορούν να προστεθούν στους αρχικούς 5 Ms:

- **Μέτρηση**: αντιστοιχεί σε οτιδήποτε μπορεί να ποσοτικοποιηθεί για να προκύψει ένα αποτέλεσμα,

- **Διαχείριση**: πρόκειται για τη μέθοδο εποπτείας, το στυλ ηγεσίας κ.λπ,

- **Συντήρηση**: προϋπολογισμοί, δαπάνες, έσοδα κ.λπ. που αναπόφευκτα θα έχουν αντίκτυπο σε όλες τις άλλες κα.

ΠΛΕΟΝΕΚΤΗΜΑΤΑ

Το διάγραμμα Ishikawa προσφέρει πολλά πλεονεκτήματα, καθώς επιτρέπει στους χρήστες να:

- να ταξινομήσει όλες τις αιτίες ενός προβλήματος,

- να αναλύσει ένα σχετικά μεγάλο πρόβλημα,

- να ενθαρρύνετε όλα τα μέλη της ομάδας να συμμετέχουν στην ανάλυση και να δημιουργήσετε με αυτόν τον τρόπο μια δυναμική διαχείρισης του έργου,

- να αποτρέψετε την παράβλεψη αιτιών με την ομαδική εργασία,

- να εντοπίζει τομείς που πρέπει να διερευνηθούν περαιτέρω, όπου μερικές φορές λείπουν πληροφορίες,

- ανάλυση ενός προβλήματος, ανεξάρτητα από τον τομέα ή το πεδίο της επιχείρησης όπου αυτό παρουσιάζεται,

- παρέχουν στοιχεία για την ανάπτυξη μιας κατάλληλης λύσης του προβλήματος,

- να δώσετε μια επισκόπηση της αλυσίδας αιτίου και αποτελέσματος.

Αυτός ο τύπος συμμετοχικού εργαλείου προσφέρει ένα σχετικά ευρύ πεδίο όρασης και προβληματισμού που επιτρέπει στους χρήστες να ξεπεράσουν τις υπερβολικά απλοϊκές παρατηρήσεις όταν προκύπτει ένα πρόβλημα. Επεκτείνει το πεδίο των πιθανών αιτιών του (δυνητικού) προβλήματος και, ταυτόχρονα, εντοπίζει λύσεις και παρεμβάσεις που πρέπει να τεθούν σε εφαρμογή για την πρόληψη ή την επίλυση ενός συγκεκριμένου προβλήματος.

ΠΕΡΙΟΡΙΣΜΟΙ ΚΑΙ ΕΠΕΚΤΑΣΕΙΣ

ΠΕΡΙΟΡΙΣΜΟΙ ΚΑΙ ΚΡΙΤΙΚΕΣ

- Παρά τα πολλά πλεονεκτήματά του, το διάγραμμα Ishikawa δεν είναι ιδιαίτερα χρήσιμο για εξαιρετικά πολύπλοκα προβλήματα όπου οι αιτίες είναι πολλές και τα προβλήματα αλληλοσυνδέονται. Ωστόσο, συχνά αυτές οι αλληλοσυσχετίσεις αποτελούν τη ρίζα ενός τρέχοντος ή δυνητικού προβλήματος.

- Μια δεύτερη κριτική του μοντέλου είναι η κατάταξη των αιτιών. Αυτή πραγματοποιείται σύμφωνα με την εμπειρία της ομάδας εργασίας, ενώ δεν βασίζεται σε στατιστική ανάλυση του προβλήματος που προέκυψε προηγουμένως. Συνεπώς, η κατάταξη αυτή μπορεί να διαφέρει από ομάδα σε ομάδα, ανάλογα με τις υποκειμενικές τους απόψεις, και να είναι λιγότερο σημαντική και επιτυχής από τα αυστηρά στατιστικά δεδομένα.

Γενικά, είναι σκόπιμο να χρησιμοποιείται η μέθοδος Ishikawa σε συνδυασμό με άλλη μέθοδο, προκειμένου να διασφαλίζεται η αντικειμενικότητα και η συνάφεια της ανάλυσης.

ΣΧΕΤΙΚΑ ΜΟΝΤΕΛΑ ΚΑΙ ΕΠΕΚΤΑΣΕΙΣ

Μπορούν να χρησιμοποιηθούν διάφορα εργαλεία για να διευρυνθεί η σκέψη πάνω στο ίδιο πρόβλημα.

Τα 5 γιατί

Η μέθοδος 5 Whys, η οποία αναπτύχθηκε και εφαρμόστηκε για πρώτη φορά στην ιαπωνική αυτοκινητοβιομηχανία Toyota, αποσκοπεί στη διερεύνηση των βαθύτερων αιτιών ενός προβλήματος.

Η μέθοδος είναι απλή, αλλά πολύ αποτελεσματική: περιλαμβάνει την ερώτηση "Γιατί;" πέντε φορές, ώστε να εντοπιστεί η πραγματική πηγή του προβλήματος. Ως εκ τούτου, μετά τον εντοπισμό της επιφανειακής αιτίας, η ομάδα εργασίας μπορεί να αναζητήσει τις διάφορες βαθύτερες αιτίες του προβλήματος θέτοντας το ερώτημα "Γιατί;". Αυτές οι αιτίες θα εμφανιστούν συνήθως μετά τη δεύτερη ή την τρίτη ερώτηση. Τις περισσότερες φορές, τα οργανωτικά αίτια βρίσκονται στη ρίζα του προβλήματος. Είναι σημαντικό να μην βιαστείτε και να εξετάσετε με ακρίβεια τα διάφορα επίπεδα, προκειμένου να μην παραβλέψετε βασικά στοιχεία. Η μέθοδος αυτή μοιάζει σε μεγάλο βαθμό με το διάγραμμα Ishikawa.

Το διάγραμμα Pareto

Αυτό το διάγραμμα, ή μάλλον ιστόγραμμα, είναι ένα εργαλείο ανάλυσης δεδομένων που επιτρέπει στους χρήστες να απεικονίσουν την εμφάνιση των προβλημάτων ως ποσοστό σε φθίνουσα σειρά. Αυτό καθιστά την προτεραιότητα σαφέστερη, καθώς ο υπεύθυνος λήψης αποφάσεων γνωρίζει σε ποιο στοιχείο πρέπει να δώσει προσοχή. Πρόκειται για ένα βασικό σύστημα που διευκολύνει την οπτικοποίηση της κλίμακας ενός προβλήματος.

Το πλέγμα απόδοσης

Το πλέγμα αποδοτικότητας είναι ένα γράφημα που δείχνει τις διάφορες πιθανές λύσεις. Ενώ άλλα εργαλεία διευρύνουν το πεδίο προβληματισμού σχετικά με την προέλευση του προβλήματος, το πλέγμα αποδοτικότητας επιτρέπει μια πιο μαθηματική προσέγγιση και συγκρίνει τόσο την αποτελεσματικότητα όσο και το κόστος της λύσης. Μόλις ολοκληρωθεί το πλέγμα, ο χρήστης θα επιλέξει λογικά τη λύση που αποδεικνύεται η πιο αποτελεσματική με το χαμηλότερο κόστος (αποδοτικότητα), λαμβάνοντας παράλληλα υπόψη τη σκοπιμότητά της. Εάν, για τον ένα ή τον άλλο λόγο, η ομάδα δεν επιλέξει αυτή τη λύση, θα κληθεί να αιτιολογήσει την επιλογή της, παραθέτοντας τους στόχους που έχουν ιεραρχηθεί και έχουν ληφθεί ειδικά υπόψη για το έργο.

Ο άξονας x αντιπροσωπεύει το κόστος και ο άξονας y την αποδοτικότητα.

Οι πιθανές λύσεις θα πρέπει να τοποθετηθούν στο δίκτυο με βάση το κόστος και την αποτελεσματικότητά τους. Είναι σημαντικό να έχουμε κατά νου ορισμένες βασικές ιδέες σχετικά με την ανάλυση κόστους-αποτελεσματικότητας:

- η αποτελεσματικότητα μετριέται με ένα μόνο αποτέλεσμα που καθορίζεται εκ των προτέρων,

- θα πρέπει να μετράται το συνολικό κόστος κάθε λύσης,

- είναι ένα εργαλείο αξιολόγησης έργου ή προγράμματος, όπου ο στόχος μπορεί να αναχθεί σε ένα μόνο αποτέλεσμα,

- η ανάλυση αυτή μπορεί να χρησιμοποιηθεί πριν, κατά τη διάρκεια και μετά το έργο.

Έχοντας αυτούς τους παράγοντες κατά νου, η πιο συμφέρουσα λύση (η πιο αποτελεσματική με το χαμηλότερο κόστος) θα καταστεί σαφής.

Η μέθοδος CARRTDAF

Όπως και το πλέγμα αποδοτικότητας, η μέθοδος CARRTDAF επικεντρώνεται περισσότερο στην εξεύρεση λύσεων παρά στις αιτίες του προβλήματος. Ωστόσο, παραμένει ένα ενδιαφέρον και συμπληρωματικό εργαλείο του διαγράμματος Ishikawa.

Η επιτυχία αυτής της μεθόδου εξαρτάται από διάφορους παράγοντες, όπως η ενεργός συμμετοχή της ομάδας εργασίας και η ποικιλία των επαγγελμάτων και των δεξιοτήτων των συμμετεχόντων. Η διαδικασία που πρέπει να ακολουθηθεί για την εφαρμογή αυτού του εργαλείου είναι πιο περίπλοκη από εκείνες που απαιτούνται για το διάγραμμα Ishikawa και τις συμπληρωματικές μεθόδους που περιγράφηκαν προηγουμένως.

Συμπέρασμα

Είναι σαφές ότι τα διάφορα μοντέλα σχετίζονται μεταξύ τους και ότι οι αναλύσεις ενός προβλήματος, τα αίτια και οι λύσεις του συμβαδίζουν. Είναι σίγουρα δύσκολο να θεωρηθεί το διάγραμμα Ishikawa ως ένα μεμονωμένο εργαλείο, καθώς η ανάλυση των αιτιών δεν μπορεί να πραγματοποιηθεί χωρίς μια ενδελεχή ανάλυση του προβλήματος και των λύσεών του. Σε κάθε περίπτωση, ο διευθυντής αποτελεί μέρος μιας συνεχούς διαδικασίας και χρησιμοποιεί όσο το δυνατόν περισσότερα μεθοδολογικά εργαλεία για την επίλυση ενός συγκεκριμένου προβλήματος με την ομάδα εργασίας του, μέχρι να ικανοποιηθεί ότι έχει βρει πιθανές εφαρμόσιμες λύσεις.

ΠΡΑΚΤΙΚΗ ΕΦΑΡΜΟΓΗ

ΣΥΜΒΟΥΛΕΣ ΚΑΙ ΒΕΛΤΙΣΤΕΣ ΠΡΑΚΤΙΚΕΣ

Βήματα για την κατασκευή του διαγράμματος

Το διάγραμμα Ishikawa κατασκευάζεται προοδευτικά μέσω της σταδιακής υλοποίησης των διαφόρων σταδίων εργασίας που απαιτούνται για τον προβληματισμό και την κατάρτιση μιας χρήσιμης γραφικής αναπαράστασης του προβλήματος. Συγκεκριμένα, οι χρήστες πρέπει:

- **Ορίστε σαφώς το πρόβλημα** και, αφού γίνει αυτό, σχεδιάστε ένα οριζόντιο βέλος που δείχνει το πρόβλημα, το ατύχημα ή το αποτέλεσμα.

- **Καταγράψτε τις πιθανές αιτίες** (π.χ. μέσω καταιγισμού ιδεών) και συνεργαστείτε με αρμόδιους ανθρώπους και εμπειρογνώμονες στον τομέα του προβλήματος.

- **Συλλέξτε τα δεδομένα του καταιγισμού ιδεών**.

- **Κατηγοριοποιήστε τις ιδέες σε ομάδες (5-8 Ms)**, αλλά έχετε υπόψη σας ότι δεν ισχύουν απαραίτητα όλες οι Ms για κάθε τομέα. Λάβετε υπόψη ότι η μέθοδος Ishikawa πρέπει να προσαρμόζεται στο θέμα, το πλαίσιο και το πρόβλημα. Το βήμα αυτό επιτρέπει τη χάραξη των δευτερευόντων βελών που πρέπει να συνδεθούν με το κύριο οριζόντιο βέλος. Κάθε ένα από αυτά τα βέλη αντιπροσωπεύει μία από τις ομάδες πιθανών αιτιών.

- **Για κάθε κλάδο, αναζητήστε τις βασικές αιτίες του προβλήματος** που δεν έχουν ακόμη εντοπιστεί. Μετά από αυτό το βήμα, είναι δυνατόν να σχεδιάσετε μικρότερα βέλη που αντιστοιχούν στις αιτίες των διαφόρων ομάδων.

- **Αξιολογήστε τις αιτίες προτεραιότητας** και σταθμίστε κάθε αιτία για να προσδιορίσετε τις πιο σημαντικές κατευθύνσεις δράσης και να τις κατατάξετε.

- **Επιλέξτε τις αιτίες για τις οποίες θα δράσετε**, μόλις ολοκληρωθεί το διάγραμμα, ανάλογα με την προτεραιότητα που τους έχει δοθεί. Οι πιθανές αιτίες και οι δευτερεύουσες αιτίες θα χωριστούν στη συνέχεια σε δύο ομάδες.

- **Θέστε σε εφαρμογή λύσεις και διορθωτικές ενέργειες.** Το βήμα αυτό μπορεί να αντιστοιχεί σε φάση δοκιμής ή σε φάση εφαρμογής της λύσης.

Όλα τα στοιχεία συγκεντρώνονται με αυτόν τον τρόπο, γεγονός που επιτρέπει στον υπεύθυνο του έργου να απεικονίσει τα "ψαροκόκαλα" και να οργανώσει τις ομάδες εργασίας ανάλογα με τις λύσεις που πρόκειται να δοκιμαστούν. Για κάθε M, ένα "κόκαλο" θα προστεθεί στο διάγραμμα, όπως φαίνεται παρακάτω.

Παγίδες προς αποφυγή

Η δυσκολία του διαγράμματος Ishikawa δεν προέρχεται τόσο από τη μεθοδολογία του σε στάδια, η οποία στην πραγματικότητα διευκολύνει τη σχεδίασή του, όσο από την παραμέληση ορισμένων βασικών στοιχείων:

- **Η σημασία της ομαδικής εργασίας.** Αυτή διέπει κάθε σκέψη κατά τη διάρκεια και μετά την κατασκευή του διαγράμματος. Πράγματι, χωρίς ευρύ προβληματισμό, ομάδα με διαφορετικές δεξιότητες, ομαδική νοοτροπία ή ενεργό και δυναμική συλλογική συμμετοχή (αναζήτηση λύσεων, συναινετική συμφωνία για τις προτεραιότητες κ. λπ.), τα αίτια του προβλήματος δεν θα αναλυθούν διεξοδικά και η πιο προφανής λύση μπορεί να μην εξεταστεί.

- **Η χρήση του εργαλείου.** Παρόλο που το διάγραμμα Ishikawa θεωρείται εργαλείο διαχείρισης της ποιότητας, δεν πρέπει να περιορίζεται μόνο σε αυτόν τον σκοπό. Κατά την προετοιμασία ενός έργου, μπορεί να χρησιμοποιηθεί για την ανάλυση του πλαισίου και/ή για την ανάλυση των πιθανών κινδύνων, μια πτυχή που λαμβάνεται πλέον όλο και περισσότερο υπόψη στις επιχειρήσεις. Επιπλέον, θα ήταν κρίμα να το θεωρήσουμε μόνο ως εργαλείο για την εξεύρεση των αιτιών ενός προβλήματος, καθώς μπορεί επίσης να χρησιμοποιηθεί για την ανάλυση των αιτιών της επιτυχίας.

- **Η φύση του καταιγισμού ιδεών.** Είναι σκόπιμο να ανταλλάσσετε απόψεις με όλα τα μέλη της ομάδας για να αντιμετωπιστούν όλες οι πτυχές (αιτίες και αποτελέσματα) του προβλήματος, με τον καθένα να είναι ελεύθερος να εκφράσει την προσωπική του άποψη για το εν λόγω ζήτημα.

- **Σεβασμός στη διαδικασία.** Είναι σημαντικό να κατατάξετε προοδευτικά τις αιτίες, ανάλογα με τη σημασία τους σε σχέση με το ζήτημα. Πράγματι, το διάγραμμα Ishikawa βασίζεται κυρίως στην αμφισβήτηση και την εξαγωγή αλληλένδετων ιδεών σχετικά με το πρόβλημα που μελετάται.

- **Η έκταση της εφαρμογής του.** Αν και η μέθοδος Ishikawa προοριζόταν αρχικά για μηχανικούς και γενικά προσανατολίζεται προς τον κόσμο των επιχειρήσεων, θα πρέπει επίσης να είναι εφαρμόσιμη σε όλους τους τομείς (δημόσιους και ιδιωτικούς), όπως τα νοσοκομεία. Συνεπώς, η ορολογία της και οι παράγοντες που μελετώνται με το εργαλείο αυτό θα πρέπει να προσαρμόζονται στον τομέα στον οποίο εφαρμόζεται η ανάλυση.

Συστάσεις

Το διάγραμμα Ishikawa συζητείται σε πολλά έργα αναφοράς που παρέχουν μια ποικιλία σχετικών απόψεων σχετικά με την ορθή εφαρμογή αυτού του εργαλείου. Παρακάτω παρατίθενται ορισμένες από τις κυριότερες συμβουλές της βιβλιογραφίας:

- **Να είστε μεθοδικοί.** Παρόλο που το διάγραμμα Ishikawa είναι ένα πολύ ενδιαφέρον και αποτελεσματικό εργαλείο, εξακολουθεί να είναι σημαντικό να αποφεύγετε τις περικοπές και να αναζητάτε τις αιτίες πριν από τις λύσεις.

- **Δώστε προσοχή.** Κατά τη διάρκεια της συζήτησης μπορεί να εντοπιστούν νέες αιτίες. Σε αυτό το στάδιο του καταιγισμού ιδεών, τίποτα δεν πρέπει να αγνοηθεί, προκειμένου να ενθαρρυνθεί η δημιουργικότητα, το άνοιγμα και οι προτάσεις της ομάδας.

- **Να είστε σχολαστικοί.** Εάν οι αιτίες είναι πάρα πολλές και οδηγούν σε ένα υπερβολικά περίπλοκο διάγραμμα, είναι προτιμότερο να το κατασκευάσετε κλάδο προς κλάδο.

- **Να είστε ρεαλιστές.** Είναι σημαντικό να προσαρμόσετε την ορολογία αυτού του εργαλείου στον τομέα στον οποίο εφαρμόζεται.

- **Να είστε σχολαστικοί.** Το διάγραμμα δεν πρέπει να περιορίζεται στα αρνητικά αίτια, αλλά να αναλύει και τα θετικά αίτια.

- **Να είστε ακριβείς.** Ελέγξτε ότι τα προσδιορισμένα αίτια οδηγούν πράγματι στο αποτέλεσμα που παρατηρείται στην πράξη.

ΜΕΛΕΤΗ ΠΕΡΙΠΤΩΣΗΣ

Το διάγραμμα Ishikawa επιτρέπει την εύκολη, απλή και δομημένη ανάλυση ενός προβλήματος με τον καθορισμό των αιτιών και των αποτελεσμάτων του. Πάρτε το παράδειγμα ενός σούπερ μάρκετ στη Γενεύη, το οποίο αντιμετωπίζει ένα πολύ χαμηλό ποσοστό ικανοποίησης των πελατών, και υποθέστε ότι:

- Το σούπερ μάρκετ είναι ένα πολύ γνωστό κατάστημα που έχει ίσο μερίδιο αγοράς με τα άλλα σούπερ μάρκετ στη Γενεύη.

- Η εταιρεία στοχεύει σε ένα ετήσιο ποσοστό ικανοποίησης πελατών της τάξης του 80%.

- Το τμήμα μάρκετινγκ αποφασίζει να εφαρμόσει μια έρευνα ικανοποίησης για να μάθει την αντίληψη των υπηρεσιών που προσφέρονται στους πελάτες.

- Η έρευνα είναι σχετικά σύντομη, με μία ερώτηση ανά θέμα, δηλαδή "Είστε ικανοποιημένος από...;", η οποία πρέπει να απαντηθεί σύμφωνα με μια κλίμακα ικανοποίησης από 0-5 (με το 0 να σημαίνει πλήρη δυσαρέσκεια και το 5 πλήρη ικανοποίηση). Τα θέματα περιλαμβάνουν την ποιότητα του προσωπικού, την ποιότητα των προϊόντων, τις υποδομές, την τοποθεσία του σούπερ μάρκετ κ.λπ.

Σημειώστε ότι μια πιο λεπτομερής έρευνα ικανοποίησης θα μπορούσε να βοηθήσει την ομάδα να κατανοήσει καλύτερα τις πραγματικές αιτίες της συνολικής δυσαρέσκειας. Ωστόσο, καθώς οι πελάτες γενικά αφιερώνουν λίγο χρόνο σε αυτό, οι ερευνητές συχνά προτιμούν να τους προσφέρουν ένα σύντομο ερωτηματολόγιο.

Το πρόβλημα που προέκυψε

Μετά από έρευνα σε σχεδόν 500 πελάτες από δέκα διαφορετικά καταστήματα, η άθροιση των αποτελεσμάτων αποκάλυψε ένα χαμηλό επίπεδο ικανοποίησης των πελατών: μόνο 20%.

Εφαρμογή του μοντέλου

Προκειμένου να αναλάβει συγκεκριμένη δράση, η ομάδα μάρκετινγκ αποφασίζει να αναλύσει τις αιτίες του προβλήματος πριν επινοήσει οποιαδήποτε λύση ή ακόμη και ένα σχέδιο δράσης.

Ο διευθυντής του τμήματος μάρκετινγκ επιθυμεί να συγκροτήσει μια ομάδα εργασίας αποτελούμενη από μέλη διαφόρων τμημάτων με διαφορετικές δεξιότητες και μακροχρόνια εμπειρία. Για το σκοπό αυτό, έρχεται σε επαφή με κάθε τμήμα (επικοινωνία, οικονομικά, προϊόντα, εφοδιαστική, κ.λπ.) με σκοπό να αποκτήσει μια ευρύτερη άποψη για τα υποκείμενα αίτια κατά τη διάρκεια του καταιγισμού ιδεών. Αφού επιλέξει τα μέλη, τους εξηγεί ότι το θέμα της επόμενης συνάντησης εργασίας θα είναι ο εντοπισμός των υποκείμενων αιτιών των ανησυχητικών αποτελεσμάτων της έρευνας πελατών: ένα ποσοστό ικανοποίησης 20%, το οποίο απέχει πολύ από τον ετήσιο στόχο του 80% που είχε αρχικά τεθεί. Με αυτόν τον τρόπο, ο διευθυντής μπορεί να ζητήσει από τους συμμετέχοντες να καταγράψουν εκ των προτέρων τις αιτίες (πρωτογενείς και δευτερογενείς) που πιστεύουν ότι προκαλούν αυτό το πρόβλημα.

- **Πρώτη συνάντηση. Κατά τη** διάρκεια της πρώτης συνεδρίασης καταιγισμού ιδεών, η συζήτηση είναι ζωηρή και οι ιδέες μοιράζονται. Ο επικεφαλής της ομάδας της συνεδρίασης εργασίας παρέχει έναν κατάλογο όλων των αιτιών που εντοπίστηκαν σύμφωνα με τις πέντε μεγάλες κατηγορίες αιτιών που πρότεινε ο Ishikawa: υλικό, μέθοδος, μητέρα φύση, μηχανή και ανθρώπινο δυναμικό. Οι αιτίες που συνδέονται με την δημοσιονομική πτυχή, δηλαδή τους οικονομικούς πόρους, είναι σημαντικές στην προκειμένη περίπτωση, δεδομένου του επιχειρηματικού περιβάλλοντος. Για παράδειγμα, σε μια κατάσταση οικονομικής κρίσης, εάν μειωθεί το προσωπικό, η ποιότητα των υπηρεσιών μπορεί να είναι χαμηλότερη και συνεπώς να προκαλέσει μείωση της ικανοποίησης των πελατών. Η συμβολή του επικεφαλής της ομάδας εξαρτάται, φυσικά, από τη δυναμική της ομάδας και θα συμμετέχει περισσότερο ή λιγότερο ανάλογα με την κατάσταση. Σε κάθε περίπτωση, θα ζητήσει από τους συμμετέχοντες να κατατάξουν τις αιτίες που έχουν εντοπιστεί με σειρά προτεραιότητας, χωρίς να παραλείψει τυχόν ιδέες σχετικά με την προέλευση του προβλήματος, ακόμη και αν είναι δύσκολο να τις ακούσει ο διευθυντής.

- **Κάντε ένα βήμα πίσω.** Μετά το πρώτο βήμα, είναι πάντα καλή ιδέα να δίνετε στους συμμετέχοντες μια στιγμή για να κάνουν ένα βήμα πίσω, ώστε να μπορούν να επανεξετάσουν στοιχεία που είχαν προηγουμένως παραλειφθεί κατά τη διάρκεια του πρώτου καταιγισμού ιδεών. Εν τω μεταξύ, αυτό δίνει στο διευθυντή το χρόνο να αναδιοργανώσει τις διάφορες ιδέες που τέθηκαν από την ομάδα, να θέσει νέα ερωτήματα, να τοποθετήσει τις αιτίες που συζητήθηκαν στο διάγραμμα και να παρατηρήσει τις κατηγορίες αιτιών που έμειναν ασχολίαστες. Από εκεί και πέρα, θα επωφεληθεί από μια συνολική εικόνα και μια σαφέστερη οπτική που θα του επιτρέψει να προβλέψει με σαφήνεια τις αιτίες προτεραιότητας που πρέπει να αναλυθούν σε βάθος.

- **Δεύτερη συνάντηση. Σε** αυτή τη δεύτερη συνάντηση εργασίας, το πρόβλημα και τα αίτια θα πρέπει να συνοψιστούν προκειμένου να προσδιοριστεί η πρωταρχική αιτία (ή αιτίες). Στη συνέχεια, η ομάδα εργασίας θα προβληματιστεί σχετικά με τις ενέργειες που πρέπει να υλοποιηθούν στα αντίστοιχα τμήματά της προκειμένου να διορθωθεί η βασική αιτία (ή οι βασικές αιτίες) του προβλήματος δυσαρέσκειας.

Μπορούμε τώρα να ρίξουμε μια άλλη ματιά στο πρόβλημα και στις πιθανές αιτίες που συζητήθηκαν από την ομάδα:

- Μητέρα Φύση: Το κατάστημα βρίσκεται μακριά από το κέντρο.

- Υλικό: Το κατάστημα δεν διαθέτει τμήμα αφιερωμένο στα βιολογικά προϊόντα.

- Μέθοδος: Οι ώρες λειτουργίας των καταστημάτων είναι άκαμπτες και η τηλεφωνική εξυπηρέτηση πελατών είναι αναποτελεσματική.

- Μηχανή: Υπάρχουν συχνά προβλήματα κατά τη χρήση των αυτόματων ταμείων, προβλήματα με τα ηλεκτρονικά ταμεία κ.λπ.

- Ανθρώπινο δυναμικό: Το προσωπικό είναι αγενές ή/και ανίκανο, η εξυπηρέτηση πελατών είναι αναποτελεσματική ή/και ανύπαρκτη.

Οι παράγοντες που προκαλούν τη δυσαρέσκεια των πελατών είναι τόσο πολυάριθμοι που ίσως θα ήταν χρήσιμο να συμπεριληφθεί ένα πλαίσιο προτάσεων στο τέλος του ερωτηματολογίου ικανοποίησης, ώστε οι δυσαρεστημένοι πελάτες να μπορούν να μιλήσουν ελεύθερα.

Τέλος, εάν η αιτία που ορίζεται ως προτεραιότητα εστιάζει στο ανίκανο προσωπικό (έλλειψη γνώσεων σχετικά με τα προϊόντα που προσφέρει το σούπερ μάρκετ) και πρέπει να διορθωθεί γρήγορα και αποτελεσματικά, θα πρέπει να εξεταστούν αποτελεσματικές λύσεις. Αυτές θα μπορούσαν να περιλαμβάνουν εκπαιδευτικά σεμινάρια που εξηγούν με σαφήνεια τα διάφορα προϊόντα της γκάμας που προσφέρει η μάρκα, ή τις βασικές αρχές των σχέσεων υπαλλήλων-πελατών.

Μεταξύ έξι μηνών και ενός έτους μετά την πραγματοποίηση των απαραίτητων προσαρμογών, η διοίκηση πρέπει να θυμάται να ελέγχει τα αποτελέσματα για να επιβεβαιώνει ότι το σχέδιο δράσης που εφαρμόστηκε είχε πράγματι αντίκτυπο. Για να γίνει αυτό, η ομάδα μάρκετινγκ μπορεί να πραγματοποιήσει, μεταξύ άλλων, μια νέα έρευνα ικανοποίησης.

Συμπέρασμα

Η ποιοτική διαχείριση ενός προβλήματος μπορεί να γίνει απλά, εφόσον η προσέγγιση είναι δομημένη και καλά μελετημένη. Σε αυτό το παράδειγμα, είναι αδύνατο να πούμε αν το αποτέλεσμα της χρήσης του διαγράμματος θα είναι αυτόματα θετικό και ότι ένα χρόνο αργότερα, οι πελάτες θα είναι περισσότερο ή λιγότερο ικανοποιημένοι. Πράγματι, τα στοιχεία από το οικονομικό τμήμα (ποσοστό ικανοποίησης, αριθμοί πωλήσεων κ.λπ.) θα βοηθούσαν στον ακριβέστερο προσδιορισμό της αιτίας. Εάν οι πωλήσεις και η ικανοποίηση των πελατών είναι χαμηλότερες, είναι εύκολο να συμπεράνουμε ότι η ποιότητα των προϊόντων έχει μειωθεί και επομένως πρέπει να δοθεί προσοχή στα υλικά.

Τα άλλα συναφή μοντέλα που περιγράφηκαν προηγουμένως μπορούν επίσης να συμπληρώσουν την προσέγγιση Ishikawa.

ΠΕΡΙΛΗΨΗ

- Το διάγραμμα Ishikawa είναι ένα εργαλείο διαχείρισης της ποιότητας, το οποίο αναπτύχθηκε τη δεκαετία του 1940 από τον Ιάπωνα μηχανικό Kaoru Ishikawa.

- Η μέθοδος αυτή ενθαρρύνει τη δομημένη ανάλυση ενός προβλήματος με τον εντοπισμό των αιτιών και των επιπτώσεών του.

- Τα βήματα που οδηγούν στην επίλυση ενός προβλήματος είναι:

    ○ συσχετίζοντας τα αίτια με ένα ενιαίο αποτέλεσμα,

    ○ ταξινόμηση των αιτιών σε κατηγορίες (5 ή 8 Ms),

    ○ κατάταξη των αιτιών κατά σειρά σπουδαιότητας,

    ○ καθορισμός προτεραιοτήτων,

    ○ εφαρμογή της καταλληλότερης λύσης.

- Πρόκειται για μια ατομική και συλλογική προσέγγιση (συγκέντρωση ιδεών), όπου οι βασικές πτυχές είναι η ομαδική εργασία, ο καταιγισμός ιδεών και η κατασκευή του διαγράμματος.

- Θεωρείται ότι η ποιότητα του αποτελέσματος που προκύπτει από το διάγραμμα εξαρτάται κυρίως από την ομάδα εργασίας (τα μέλη της ομάδας θα πρέπει να αλληλοσυμπληρώνονται από άποψη δεξιοτήτων, γνώσεων και εμπειρίας).

- Υπάρχουν και άλλα εργαλεία παρόμοια με το διάγραμμα Ishikawa:

- ○ τα 5 γιατί,

  - ○ το διάγραμμα Pareto,

  - ○ το πλέγμα απόδοσης,

  - ○ τη μέθοδο CARRTDAF.

- Η ενδελεχής και σαφής χαρτογράφηση των αιτιών του προβλήματος συμβάλλει στην αποτελεσματικότητα του εργαλείου.

- Συστάσεις:

  - ○ εργαστείτε μεθοδικά απαριθμώντας τα γεγονότα,

  - ○ να βασίζετε την εργασία σας σε ακριβή και αποδεδειγμένα στοιχεία,

  - ○ μην παραλείπετε βήματα και αναπτύξτε τα με αυστηρότητα,

  - ○ να χρησιμοποιήσετε πρόσθετα εργαλεία για να διασφαλίσετε ότι η προσέγγισή σας είναι διεξοδική και εποικοδομητική.

ΠΕΡΑΙΤΕΡΩ ΑΝΑΓΝΩΣΗ

ΒΙΒΛΙΟΓΡΑΦΙΑ

Agence Nationale pour la Promotion de l'Innovation et de la Recherche au Luxembourg (2008) *Diagramme d'Ishikawa = diagramme cause-effet*. [Online]. [Πρόσβαση 15 Φεβρουαρίου 2017]. Διαθέσιμο από: < http://www. innovation.public.lu/fr/innover/gestion-innovation/ resolution-probleme/diagrammeishikawa-fr.pdf>

Ευρωπαϊκή Επιτροπή (2014) *L'analyse coût-efficacité*. [Online]. [Πρόσβαση 22 Δεκεμβρίου 2014]. Διαθέσιμο από το Internet Archive: < https://web.archive.org/web/20150421232210/ http://ec.europa.eu/europeaid/evaluation/methodology/ examples/too_cef_res_fr.pdf>

Gillet-Goinard, F. and Seno, B. (2012) *Le grand livre du responsable qualité*. Paris: Eyrolles.

Ishikawa, K. (1984) *La gestion de la qualité. Outils et applications pratiques*. Paris: Dunod.

Le Dico du Marketing. *Ορισμός. Diagram de cause à effet de Kaoru Ishikawa*. [Online]. [Accessed 12 December 2014]. Διαθέσιμο από: < http://www.ledicodumarketing.fr/ definitions/Diagramme-de-cause-a-effet-de-Kaoru-Ishikawa.html>

Lehu, J.-M. (2012) *L'encyclopédie du marketing*. Paris: Eyrolles.

Διευθυντής GO! (2013) *Comment utiliser le diagramme d'Ishikawa*. [Online]. [Πρόσβαση 12 Δεκεμβρίου 2014]. Διαθέσιμο από: < http://www.manager-go.com/gestion-de-projet/dossiers-methodes/ishikawa-5m>

Nachal, L. (2011) La construction d'un diagramme causes-effets. *InfoQualité*. [Online]. [Πρόσβαση 12 Δεκεμβρίου 2014]. Διαθέσιμο από: < http://www.infoqualite.fr/la-construction-dun-diagramme-causes-effets/>

Pommeret, B. (2013) *La boîte à outil de l'organization*. Παρίσι: Paris: Dunod.

ΠΡΟΣΘΕΤΕΣ ΠΗΓΕΣ

Ishikawa, K. (1985) *Τι είναι ο έλεγχος ολικής ποιότητας;: Ο ιαπωνικός τρόπος*. Trans. Lu, D. J: Prentice Hall.

Ο εκδότης διασφαλίζει την αξιοπιστία των πληροφοριών που δημοσιεύονται, η οποία όμως δεν μπορεί να αποτελέσει ευθύνη του.

Κύριο ISBN: 9782808600330
ISBN: 9782808601788
Νόμιμη κατάθεση: D/2022/12603/179

Ψηφιακός σχεδιασμός: Primento,
ο ψηφιακός συνεργάτης των εκδοτών.